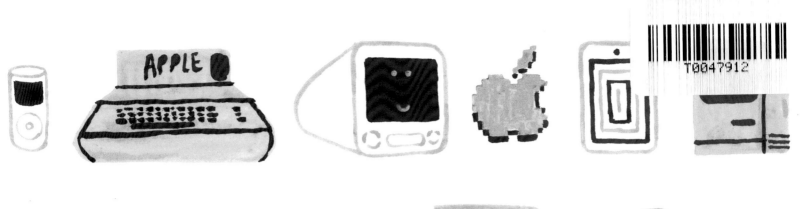

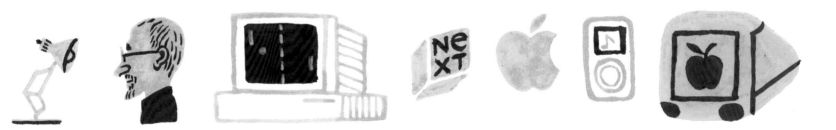
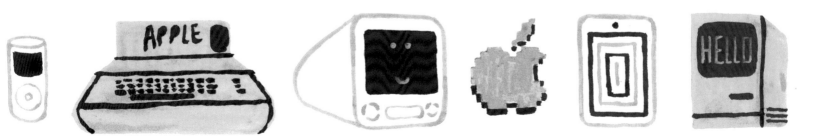

Con la colección **Unicornio de Papel**, desde Vegueta Ediciones queremos realizar nuestra particular aportación al proyecto universal más apasionante que existe, el de la educación infantil y juvenil. Como una varita mágica, la educación tiene el poder de iluminar sombras y hacer prevalecer la razón, los principios y la solidaridad, impulsando la prosperidad.

Genios de la Ciencia, la serie de biografías de científicos e inventores, pretende aproximar a los niños a aquellos grandes personajes cuyo estudio, disciplina y conocimiento han contribuido al desarrollo y la calidad de vida de nuestra sociedad.

Textos: Julio Fajardo Herrero
Ilustraciones: Miguel Pang
Diseño y maquetación: Sònia Estévez

© Vegueta Ediciones

Roger de Llúria, 82, principal 1ª
08009 Barcelona

General Bravo, 26
35001 Las Palmas de Gran Canaria

www.veguetaediciones.com

ISBN: 978-84-17137-10-6
Depósito Legal: B 29265-2017

Impreso y encuadernado en España

GENIOS DE LA CIENCIA

STEVE JOBS

INVENTOR DEL MAÑANA

TEXTOS JULIO FAJARDO HERRERO
ILUSTRACIONES MIGUEL PANG

 Vegueta Ediciones

Colección **Unicornio de Papel**

4

Hola,

Mi nombre es Apple II y soy el primer ordenador personal que se vendió masivamente en todo el mundo. Cuando me inventó Steve Jobs, el señor del bigote que os mira fijamente, los pocos ordenadores que había en el mundo eran armatostes que ocupaban una habitación entera, así que imaginaos el impacto que causé.

Steve Jobs fue un visionario, inventor e informático al que le debemos la creación de aparatos tan imprescindibles como el iPhone o el iPad, que son como mis descendientes.

Steve tuvo una vida muy intensa y supo aprovechar las dificultades para superarse y sacar lo mejor de sí mismo. Además nos mostró la importancia de amar lo que uno hace y de no olvidar que el tiempo es limitado. Steve, sin duda, consiguió lo que se había propuesto desde joven: irse a la cama cada noche sabiendo que había hecho algo útil e importante. Gracias a sus ideas e inventos llegó a cambiar nada menos que nuestra manera de vivir.

La manzana más famosa del mundo

Os preguntaréis por qué Steve Jobs tiene una manzana en la mano. Cuando fundó su empresa en 1976, le puso el nombre Apple, que en inglés quiere decir manzana. A Steve se le ocurrió el nombre en una visita a una finca con manzanos. Para identificar a la empresa encargó a un diseñador un logo que mostraba la manzana con un mordisco.

El mordisco

Este elemento pudo tener algo que ver con que mordisco, o *bite* en inglés, suena igual que *byte*, que es la unidad de información con que se mide la capacidad de los ordenadores. Un *byte* (1B) ocupa más o menos el mismo espacio de memoria que una letra tecleada, un *megabyte* (1MB) es el equivalente a una novela y un *terabyte* (1TB) se correspondería con las páginas de texto elaboradas con el papel de 50.000 árboles.

La historia de Steve Jobs comenzó en San Francisco antes de su nacimiento, en 1955. Su madre era una estudiante universitaria y su padre un inmigrante de origen sirio que trabajaba en la universidad. Ambos eran jóvenes, no llevaban una vida demasiado estable y decidieron darlo en adopción. Eso sí, poniendo como condición que los padres adoptivos tuvieran un título universitario.

La pareja que habían escogido cambió de opinión en el último momento porque preferían una niña, así que Steve terminó siendo adoptado por Paul y Clara Jobs. Eran un matrimonio humilde y no tenían estudios superiores, pero se comprometieron a darle al pequeño una formación completa.

Para que Steve pudiera ir a un buen colegio, Paul y Clara invirtieron sus ahorros en una casa situada en el lugar que con el tiempo se convertiría en Silicon Valley, el centro tecnológico del mundo.

Paul era muy aficionado a la mecánica y montó un taller en el garaje de la casa. Allí enseñó a Steve a fabricar cosas de la nada, con sus propias manos. Como era un niño muy espabilado, enseguida se hizo un experto en electrónica.

Cuando tenía trece años, al preparar un trabajo para clase, Steve se dio cuenta de que le faltaban piezas y decidió llamar al presidente de la compañía informática Hewlett-Packard. El Sr. Hewlett se quedó tan impresionado con Steve que le ofreció un empleo durante las vacaciones de verano.

Silicon Valley

Al sur de la Bahía de San Francisco en California, Estados Unidos, hay una zona que se ha convertido en el centro mundial de la innovación y el desarrollo de la alta tecnología. Allí surgieron empresas como Hewlett-Packard y Apple Computer.

Universidades estadounidenses

En ningún lugar del mundo cuesta tanto ir a la universidad como en Estados Unidos.

Caligrafía y tipografía

Al arte de escribir a mano usando diferentes estilos de letras se le denomina caligrafía. Cuando hablamos de tipos de letra para imprimir, se le llama tipografía.

En Hewlett-Packard Steve aprendió que el verdadero valor de una empresa residía en el talento y la creatividad de sus trabajadores. Además, allí vio su primer ordenador y conoció al que sería su gran amigo Steve Wozniak, al que llamaban Woz.

Woz era cinco años mayor pero congeniaron de inmediato. Por primera vez Steve se encontraba con alguien que sabía más de electrónica que él, y encima ya conducía su propio coche.

Al terminar el colegio, Paul y Clara Jobs cumplieron su promesa y Steve se matriculó en la universidad. Sin embargo, poco después abandonó los estudios porque no le parecía bien gastar los ahorros de sus padres.

Cuando dejó de estar matriculado en la universidad, Steve se quedó sin un lugar donde alojarse y dormía a menudo en el suelo de las habitaciones de sus amigos. Para comer recogía botellas de Coca-Cola y las iba reciclando, pues en las tiendas le pagaban cinco céntimos por cada envase vacío. Ya no tenía clases obligatorias, pero aun así decidió asistir a un curso de caligrafía que tenía fama de ser el mejor del país. Allí aprendió la belleza de las tipografías que utilizaría más adelante, al diseñar sus ordenadores.

Por aquel entonces Steve quiso ampliar sus horizontes. Había descubierto la literatura y estaba maravillado con libros como *El rey Lear* o *Moby Dick*. Decidió viajar a la India y conocer otras culturas. Se acercó al budismo zen y comenzó a practicar meditación y yoga. Además seguía dietas muy estrictas de alimentos, a ratos comía solo fruta, verdura o pescado.

Sin embargo, nunca perdió el interés por la tecnología. Su amigo Woz diseñó una variante del primer videojuego famoso de la historia, el Pong, que era como una partida de tenis entre dos bloques rectangulares. Steve fue a enseñárselo a una empresa de videojuegos llamada Atari y allí decidieron ofrecerle un empleo. En Atari aprendió programación, pero poco después dejó el trabajo porque no le gustaba que le dieran órdenes.

Como Steve y Woz necesitaban dinero, se les ocurrió inventar unos curiosos aparatitos para conseguir que las llamadas telefónicas a larga distancia, que por aquel entonces eran muy caras, salieran gratis. ¡Las llamaron cajas azules y vendieron muchísimas!

Con las cajas azules Steve y Woz descubrieron que podían crear productos por su propia cuenta. Como eran muy traviesos, incluso las usaron un día para llamar al papa de Roma haciéndose pasar por un político estadounidense muy importante, pero les entró la risa y tuvieron que colgar.

«Las personas que están lo suficientemente locas como para pensar que pueden cambiar el mundo son las que lo cambian.»

Hardware y software

El *hardware,* en inglés, es el conjunto de elementos físicos que dan forma a un ordenador. Es todo lo que se puede ver y tocar.
El *software* son las instrucciones que necesita el ordenador para funcionar; pueden ser sistemas operativos para que el ordenador gestione sus recursos y se comunique con el usuario, o programas informáticos.

🐦 «Construimos productos que nosotros mismos queremos usar.»

Como no se podían costear un ordenador de aquellos que ocupaban una habitación entera, Steve y Woz decidieron fabricarse uno por su cuenta. Al tener muy poco dinero, no les quedó otro remedio que trabajar apretujados en el garaje de los padres de Steve.

—Hagamos ordenadores con los que cualquiera pueda guardar, editar y componer textos en distintos formatos —le propuso Steve a Woz—. Cuando la gente sepa que puede hacer algo así, ¡todo el mundo querrá tener un ordenador!

Y así fue cómo nació mi predecesor, el Apple I. Steve y Woz lo montaban a mano y tardaban entre 40 y 80 horas en tener lista una sola unidad. Además, estas se les averiaban continuamente porque los cables que utilizaban eran demasiado finos. En un momento dado, para comprar materiales, llegaron a vender su furgoneta y su calculadora. Con mucho esfuerzo, poco a poco fueron vendiendo ordenadores a las tiendas e introduciéndose en el mercado.

🖥 **Apple II**

Este modelo fue el primer ordenador personal que se vendía totalmente acabado, listo para ser utilizado por cualquiera sin necesidad de entender de *hardware*.

Poco después, Steve y Woz me crearon a mí, el Apple II, el primer ordenador personal que podía mostrar gráficos a color y ofrecía hojas de cálculo para hacer cuentas. En una hora, yo podía hacer *digitalmente* lo que *analógicamente* llevaba años. Además, tenía integrado un lenguaje de programación muy sencillo llamado *Basic*, diseñado por otro genio de la informática, Bill Gates.

Steve y Woz me presentaron en una feria de informática y nuestro éxito fue arrollador. Vendieron más de un millón de unidades y, con solo 21 años, Steve Jobs comenzó a ser conocido en el mundo entero.

Conmigo los dos amigos pasaron de fabricar ordenadores en un garaje a ensamblarlos en una gran fábrica. Sin embargo, no se conformaron con la forma tradicional de fabricar y decidieron mejorar los procesos.

Analógico y digital

Analógico significa continuo. Son aquellas funciones que no alteran la señal original, como las agujas del reloj.
Digital viene de dígito. La electrónica digital transforma las señales y las convierte en dígitos (números) para que la información pueda ser almacenada, transportada y recuperada. Así funcionan los ordenadores o internet.

A los veintipocos años Steve había empezado a ganar mucho dinero, pero no le daba demasiada importancia. Lo que más le interesaba era la empresa, la gente, los productos y las posibilidades que estos brindaban a los usuarios.

En 1978 la novia de Steve, Chrisann Brennan, tuvo una niña llamada Lisa, que dio nombre a su siguiente ordenador, el Apple LISA.

Aunque no tuvo éxito, el Apple LISA sí sirvió para abrir el camino al siguiente gran proyecto de Steve, los famosos ordenadores Macintosh. Cuando estos aparecieron, yo me convertí en un antigualla y tuve que despedirme del mercado.

«El ordenador personal es la bicicleta del pensamiento, es la herramienta más asombrosa que hayamos inventado jamás.»

Apple LISA
El Apple LISA, además de integrar muchas nuevas funciones, fue el primer ordenador producido en grandes cantidades que venía con un ratón. No se vendieron muchas unidades y desapareció del mercado a los pocos años.

Macintosh
Esta fue la línea de ordenadores personales desarrollados por Apple como alternativa económica y doméstica al Apple LISA, y revolucionó el mercado en la década de 1980. Estos ordenadores se siguen desarrollando hoy en día.

Bill Gates

Bill Gates fue el fundador de la primera gran compañía de *software* y una de las mayores empresas informáticas del mundo, Microsoft Corporation. La mayor parte de los ordenadores personales utilizan los programas informáticos de Microsoft.

Y entonces apareció de nuevo Bill Gates. Bill y Steve habían trabajado juntos integrando los programas de Bill en los ordenadores de Steve.

Steve le había encargado a Bill el desarrollo de un *software* o programa exclusivo para Macintosh. Lamentablemente, el lanzamiento del ordenador de Steve se retrasó y Bill decidió lanzarlo con otra gran empresa, IBM.

—¡Nos estás robando! —le gritó Steve—. Confié en ti, y ahora nos estás robando.

Bill le contestó que ninguno de los dos lo había inventado, sino que la idea venía de otra empresa de ordenadores a la que ambos habían copiado:

—Bueno Steve, creo más bien que ambos dimos con un vecino rico y asaltamos su casa para robarle la televisión, ¡pero al entrar me di cuenta de que tú ya te la habías llevado!

Por aquel desencuentro, Steve y Bill pasaron años sin dirigirse la palabra.

A pesar de las dificultades, Steve y Woz lograron con el modelo Macintosh su mejor ordenador hasta entonces. En diez años Apple creció hasta convertirse en una empresa de cuatro mil empleados.

Lo que hizo del Macintosh un producto excepcional fue que en su desarrollo trabajaron músicos, poetas, pintores, zoólogos e historiadores. Todos juntos aportaron lo mejor que habían observado en sus respectivos campos y ayudaron a fomentar la transmisión de conocimientos.

El problema era que el Macintosh había salido más caro de la cuenta. Steve había querido perfeccionarlo tanto, cuidando hasta el último detalle, que también se retrasó mucho en tenerlo listo. Por estos motivos acabó sucediendo algo que sorprendió al mundo entero. Por decisión de la junta directiva, Steve terminó siendo despedido de la empresa que él mismo había creado.

En todo aquel proceso, tampoco había ayudado el carácter arisco de Steve, que a menudo hería a sus compañeros de trabajo por su forma de decir las cosas.

Junta directiva
En empresas muy grandes no es un solo individuo el que toma las decisiones, sino un grupo de personas que constituyen la junta directiva.

En aquel momento la vida de Steve se desmoronó. A los treinta años estaba fuera del gran proyecto que había sido el centro de su existencia. Su fracaso fue tan notorio que incluso pensó en marcharse de Silicon Valley.

Steve decidió pedir disculpas a la gente con la que no se había portado bien y se propuso empezar de nuevo. Se convirtió de nuevo en un principiante, menos seguro de sus convicciones, y entró en uno de los periodos más creativos de su vida.

Más importante que todo esto fue que, durante esos años, Steve formó una familia junto a Laurene Powell, con la que tuvo tres hijos: Reed, Erin e Eve.

Además montó una empresa llamada Pixar, que producía cine de dibujos animados con programas informáticos. Gracias a ella existen películas que seguramente están entre vuestras preferidas, como *Toy Story*, *Cars* o *Wall-E*. Pixar tuvo tanto éxito que terminó siendo comprada por Disney. De esta manera, Steve se convirtió en el principal propietario de Disney.

También creó una empresa llamada NeXT, en la que intentó producir el *software* más avanzado de su época. Sin embargo, la compañía no tuvo mucho éxito y Steve se dedicó durante un tiempo a observar.

A Apple no le había ido nada bien tras la marcha de Steve. Doce años después de que le despidiesen, la empresa estaba a punto de hundirse. Los miembros de la junta directiva pensaron que tal vez solo hubiese una persona capaz de salvarla, así que decidieron llamar a Steve y pedirle que volviera y tomase el control de la compañía.

Lo primero que hizo Steve fue recordarles a los empleados lo que diferenciaba a Apple de las demás empresas. También llamó a Bill Gates para superar sus diferencias y comenzar a colaborar juntos.

Steve volvió a hacer las cosas a su manera, aplicó la tecnología que había desarrollado en NeXT. Sus empleados volvieron a buscar la elegancia en el diseño para hacer productos bonitos, con espíritu educativo, y se esforzaron en aplicar ideas originales que los enriquecieran.

«La única forma de hacer progresar a nuestra especie es hacer llegar los mejores productos a todo el mundo, para que todos podamos educarnos con ellos.»

Bill y Steve se reconcilian

La competencia que generaron Steve Jobs y Bill Gates con sus empresas dio lugar a grandes avances tecnológicos. Cada nuevo producto de Microsoft era un reto para Apple, y viceversa. Así es como ambas marcas han ido mejorando sus programas y ordenadores, siempre tratando de superar las innovaciones del adversario.

> «El trabajo va a llenar gran parte de vuestra vida, y la única forma de estar realmente satisfechos es hacer lo que consideréis un trabajo genial. Solo hay una manera de tener un trabajo genial, y esa es que te encante lo que haces. Así que, si aún no lo habéis encontrado, seguid buscando.»

Con Steve Jobs al frente, Apple cambió el mundo de las comunicaciones y el acceso a la información y se convirtió en la empresa de mayor valor de todo Estados Unidos.

Gracias a su creatividad y su capacidad de liderazgo, Steve conseguía que todos los que trabajaban a su alrededor diesen lo mejor de sí mismos.

En 2001 anunciaron el lanzamiento del iPod, el primer aparatito portátil que te permitía llevar la música contigo. Seis años después salió el iPhone, que revolucionó el mundo de las comunicaciones al brindarnos la posibilidad de conectarnos a internet desde el teléfono. Para rematar, enseguida presentaron el iPad, la primera *tablet* de la historia. Cada uno de sus inventos venía acompañado de aplicaciones nuevas y asombrosas. El ratón hacía tiempo que podía usarse sin cables y para operar con los iPads y los iPhones ya no hacía falta teclado, podían manejarse directamente con el dedo.

Cuando pasaba por el mejor momento de su vida, a Steve le diagnosticaron un cáncer, una dura enfermedad que en muchos casos se puede curar gracias a los avances médicos.

Al principio Steve fue reacio a operarse porque pensaba que lo podría superar con otros métodos alternativos, pero no fue así. Su familia tardó nueve meses en convencerle y, cuando se operó, tal vez ya fue demasiado tarde.

Steve luchó, como siempre, con mucha perseverancia y consiguió ganarle la partida a la enfermedad durante siete años, a lo largo de los cuales nos regaló los inventos más extraordinarios.

Pese a encontrarse ya muy enfermo, antes de morir pudo dejar todo bien organizado para dar las mayores facilidades tanto a su familia como a la empresa que dirigía. También se despidió de toda una comunidad de empleados y seguidores a través de una carta, en la que aseguraba que los días más brillantes e innovadores de Apple estaban aún por llegar.

Poco a poco Steve se fue apagando, hasta que murió el 5 de octubre de 2011, rodeado de su familia.

«Estoy convencido de que la vida es una entidad inteligente y de que las cosas no pasan arbitrariamente... A veces la vida nos da en la cabeza con un ladrillo, pero no perdáis la fe.»

El día que Steve murió, internet pasó al blanco y negro. Su foto con el famoso jersey de cuello alto oscuro se propagó por toda la red como homenaje de despedida. Todo el planeta —presidentes, empresarios, creativos— le dedicó palabras de admiración y agradecimiento. El mundo que tanto había ayudado a cambiar sintió su ausencia.

Todos recordamos al Steve que cada mañana se preguntaba: «Si hoy fuese el último día de mi vida, ¿querría hacer lo que voy a hacer hoy?». Qué gran ejemplo el de saber que, cuando la respuesta era «no» durante demasiados días seguidos, era hora de cambiar de actividad.

El espíritu de Steve Jobs, su brillantez, su pasión y su energía continúan vivos en la empresa que solamente alguien como él pudo haber creado. Así, su equipo sigue sorprendiéndonos con nuevos inventos que enriquecen y mejoran nuestra vida.

CÓMO FUNCIONA UN ORDENADOR

Un ordenador no es otra cosa que una **máquina diseñada para poder seguir instrucciones**. La vía por la que le damos esas instrucciones son los **programas**. Para ver o editar fotos en un ordenador, por ejemplo, este recibe todas las instrucciones de un programa de visualización de imágenes.

Para poder «hacerles caso» a los programas, el ordenador cuenta con la unidad central de procesamiento, o **CPU**, que es como su cerebro.

Además, un ordenador también tiene **memoria**, igual que la tenéis vosotros, para almacenar todo tipo de información (el archivo de una canción, o una foto que guardasteis hace tiempo). La memoria de un ordenador está formada por muchos circuitos eléctricos diminutos, llamados **chips**.

Si a un ordenador le pasamos información en forma de letras o números, lo más seguro es que lo hagamos con un **teclado**. Otra forma de darle instrucciones a un ordenador es a través de un **puntero**, moviéndolo y haciendo clic, ya sea con un ratón o bien con nuestro propio dedo.

El último componente importante de un ordenador es el elemento que le permite mostrarnos cosas a nosotros. ¿Sabéis cuál es? Efectivamente, es algo tan fundamental y habitual en nuestras vidas como su **pantalla.**

Por dentro, los ordenadores funcionan con **señales eléctricas** que van recorriendo sus circuitos y que, como una bombilla, pueden estar activadas o desactivadas.

En todos los ordenadores, los datos se almacenan por medio del **lenguaje binario**. En lugar de letras, este lenguaje solo tiene dos signos, el 1 y el 0. El signo 1 del lenguaje binario indica la posición activada de alguna de las señales eléctricas de las que hablábamos antes. El 0 indica la posición desactivada de otra de esas señales.

Toda la información que incorporamos a nuestro ordenador a través de los programas —por ejemplo, las letras de un texto, o los píxeles de una imagen— es procesada en su interior como una **larga secuencia de unos y ceros**, acorde con la secuencia de señales eléctricas registradas. Parece complicado, ¿verdad? Afortunadamente, todo esto lo hace un ordenador por su cuenta, ¡no hace falta que os comuniquéis en lenguaje binario para trabajar con él!

EL PROTAGONISTA

Steven Paul Jobs nació en San Francisco, California, en 1955. Sus padres biológicos eran Abdulfattah Jandali, un inmigrante sirio, y Joanne Schieble, estadounidense de ascendencia alemana y suiza. Ambos eran todavía estudiantes y decidieron darlo en adopción a Paul y Clara Jobs, una pareja de clase media.

En 1976, con tan solo 21 años, Steve fundó la empresa fabricante de ordenadores Apple junto a su amigo Steve Wozniak y un puñado de colaboradores más. Gracias a las espectaculares ventas de su primer ordenador de éxito, el Apple II, Jobs empezó la década de los ochenta siendo ya millonario y convertido en una figura muy conocida del mundo empresarial de su país.

Capitaneó el equipo que en 1984 lanzó el Macintosh, el primer ordenador de éxito en incluir un ratón y una interfaz de usuario. Por problemas con la junta directiva, dejó Apple en 1985 y vendió todas sus acciones menos una.

OTROS HITOS Y GENIOS DE LA HISTORIA

1837

Ada Lovelace y **Charles Baggage** idean la máquina analítica, uno de las primeras computadoras mecánicas.

1941

Konrad Zuse crea la Z3, la primera máquina programable y completamente automática de la historia.

1977

Steve Jobs y **Steve Wozniak** lanzan el Apple II, el primer ordenador personal del que se vendieron más de un millón de unidades.

En los años noventa compró Pixar y la convirtió en una productora puntera de películas de animación por ordenador. Cuando Pixar fue adquirida por Disney en 2006, Steve Jobs se convirtió en el principal accionista individual del gran gigante del entretenimiento infantil.

En el año 1997 volvió a tomar las riendas de Apple, que estaba perdiendo dinero, y reflotó la marca reforzando mucho el diseño de los productos y la imagen de la marca.

Ya en la década de los 2000, supervisó el lanzamiento de primer reproductor portátil de MP3, el iPod, y del primer teléfono inteligente con aplicaciones y conexión a internet, el iPhone. Su último gran proyecto, antes de morir en 2011, fue la primera *tablet* que triunfó en el mercado: el iPad.

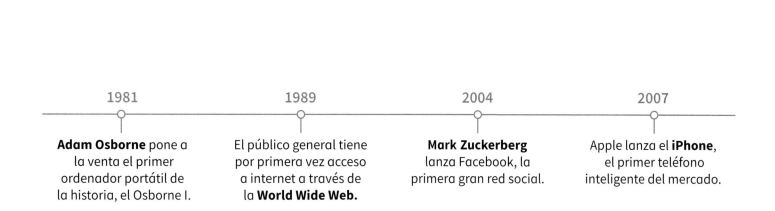

1981	1989	2004	2007
Adam Osborne pone a la venta el primer ordenador portátil de la historia, el Osborne I.	El público general tiene por primera vez acceso a internet a través de la **World Wide Web.**	**Mark Zuckerberg** lanza Facebook, la primera gran red social.	Apple lanza el **iPhone**, el primer teléfono inteligente del mercado.